Luisa!

Ich wünsch dir

# ALLES GLÜCK DER WELT

Ich wünsche dir, dass du all die schönen,
kleinen Momente, die dir jeden Tag begegnen,
ganz bewusst wahrnimmst: Vogelgezwitscher,
die frische Luft nach einem Sommerregen,
eine warme Dusche nach einem Winterspaziergang.
Nimm diese Augenblicke dankbar in dir auf. Sie sind

**GLITZER IN DEINEM ALLTAG.**

DAS GLÜCK LIEGT NICHT
IN DEN DINGEN,
SONDERN IN DEN MENSCHEN.

aus Deutschland

Menschen, die an dich glauben und
dich unterstützen, die wünsche ich dir.
Menschen, die an deiner Seite sind,
bei Regen und bei Sonnenschein, in guten
wie in schlechten Zeiten. Menschen,
die dein Leben reicher machen.

Wenn es mal schwierig wird
und du dich Herausforderungen
stellen musst, dann wünsche ich dir
Ausdauer und Geduld.
Vertrau auf deine innere Kraft.
Du schaffst das!

DER IST AM REICHSTEN
UND GLÜCKLICHSTEN, DER
DIE KRÄFTE DES EIGENEN LEBENS
AM HÖCHSTEN ENTWICKELT HAT.

John Ruskin

Ich wünsche dir, dass du

# STOLZ AUF DICH

bist, dass du dir immer wieder
vor Augen führst, wie viel du
in deinem Leben schon erreicht hast,
wie viele Hürden du genommen hast
und wie du daran gewachsen bist.

Freude wünsche ich dir!
Lache, so oft du kannst.
Sei übermütig und
auch mal albern.
Tanze durchs Leben.

DASS ICH FRÖHLICH BIN,
DIE SACHEN LEICHT NEHME,
DAS IST MEIN GLÜCK.

Johann Wolfgang von Goethe

SEHR VIELE FORMEN VON GLÜCK
BEGINNEN DAMIT, DASS WIR AUFGEBEN,
UNS DEN KOPF DARÜBER ZU ZERBRECHEN,
WAS ANDERE ÜBER UNS DENKEN.

Yvonne Mölleken

Ich wünsche dir, dass du dich
ganz und gar davon löst, was andere
von dir halten. Du bist nicht auf dieser Welt, um
die Erwartungen deiner Mitmenschen zu erfüllen.
Das Glück liegt allein in dir selbst.

Zeit wünsche ich dir.
Zeit zum Durchatmen,

**ZEIT FÜR DICH**

und Zeit für die Menschen,
die dir wichtig sind.
Nimm dir Zeit für all das,
was wirklich zählt im Leben.

Ich wünsche dir,
dass du dich selbst verwöhnst:
ein Stück von deinem Lieblingskuchen,
eine Wellness-Massage,
ein Strauß bunter Frühlingsblumen …

**DU HAST ES DIR VERDIENT!**

Liebe dich selbst!
Ich wünsche dir, dass du erkennst,
was für ein wunderbarer Mensch du bist,
dass du mit all deinen Stärken
und Schwächen perfekt bist,
und zwar genau so, wie du bist.

DER KERN DES GLÜCKS:
DER SEIN ZU WOLLEN,
DER DU BIST.

Erasmus von Rotterdam

Dass du nicht auf das Glück wartest,
das wünsche ich dir. Glück hat nur selten
einen großen, spektakulären Auftritt.
Vielmehr schleicht es sich durch

# KLEINE BEGEBENHEITEN

leise in deinen Alltag. Glück ist immer da,
du musst es nur wahrnehmen.

Leichtigkeit wünsche ich dir.
Sorge dich nicht – vor allem nicht
um Dinge, die nicht in deiner Hand liegen.
Versuche bewusst loszulassen,
was dich bedrückt, auch
wenn es schwerfällt.

EIN WICHTIGER SCHRITT
RICHTUNG GLÜCK BESTEHT
IN DER INNEREN EINSICHT,
ABSTAND ZU NEHMEN
VON DINGEN, DIE
UNS NICHT GUTTUN.

Elfriede Engel

AUF DER SUCHE NACH DEM GLÜCK
KANN ES PASSIEREN, DASS MAN
AM ENDE SICH SELBST FINDET.

Johanna Rückert

Ich wünsche dir, dass du
zu dir selbst stehst und den Mut hast,
laut und deutlich Nein zu sagen:
zu Dingen, die du nicht tun willst
oder nicht tolerierst.
Setze Grenzen und steh dazu!

# GLÜCK IST EIN ORT,

an dem du dich wohlfühlst –
und den wünsche ich dir von Herzen.
Einen Rückzugsort, an dem du ganz
für dich sein kannst, ein Plätzchen,
wo du mit Freunden und Familie
unbeschwerte Stunden verbringst.
Ein Ort, an dem du dich sicher
und geborgen fühlst.

Zufriedenheit ist
das Glück des Alltags. Dein Leben ist
voller Dinge, die dich mit Ruhe
und Dankbarkeit erfüllen.
Was willst du mehr?

DANKBARKEIT IST
EIN MAGNET, DER GLÜCK UND
GUTE LAUNE ANZIEHT.

Angelika Emmert

Neugier und Offenheit wünsche ich dir.
Egal, ob du die Welt erkundest,
ein Hobby ausprobierst, dir Wissen aneignest
oder neue Leute kennenlernst –

**DAS GLÜCK LIEGT OFT DA,**

wo du es noch nicht vermutest.

Ich wünsche dir Träume –
kleine und große. Mögen einige davon
zu Zielen werden, die du mit Ausdauer
und Freude verfolgst. Mögen andere
bunte Tagträume bleiben.

TRÄUME SIND WUNDERSCHÖNE
STILLE GEDANKEN, DIE
WIE SONNENSTRAHLEN DAS HERZ
ERWÄRMEN UND GLÜCK VERBREITEN.

Sprichwort

Ich wünsche dir Mitgefühl.
Nicht nur mit anderen, sondern vor allem
mit dir selbst. Wenn etwas nicht so klappt,
wie du es dir erhofft hast,

**SEI NACHSICHTIG MIT DIR.**

Und: schon so manches Missgeschick
hat sich später als Glücksfall erwiesen!

DAS GLÜCK ERKENNT MAN
NICHT MIT DEM KOPF,
SONDERN MIT DEM HERZEN.

aus Norwegen

Dass du auf dein Herz hörst, das wünsche ich dir. Lass bei Entscheidungen nicht nur deinen Verstand sprechen. Fühlt es sich gut an? Höre in dich hinein. Dein Herz kennt den Weg zum Glück.

Manchmal bedeutet
glücklich sein auch einfach:

# GLÜCK HABEN.

Dass du zum richtigen Zeitpunkt
am richtigen Ort bist, dort,
wo dir das Glück einfach so zufliegt,
das wünsche ich dir.

Dass du mit Optimismus und
Zuversicht an neue Aufgaben herangehst,
das ist mein Wunsch für dich. Außerdem eine gehörige

**PORTION HUMOR**

und Unbekümmertheit, wenn es nicht
auf Anhieb klappt.

Suche das Glück!
Du weißt selbst am besten,
wo du es findest: beim Kuchenbacken
oder Gärtnern, beim Singen oder Meditieren,
mit Freunden oder mit einem guten Buch …
Mach dich glücklich!

ABSCHALTEN.
SICH ZEIT LASSEN.
DIE WELT VERGESSEN.
GLÜCKLICH SEIN.

Jeremy A. White

# EINE EXTRAPORTION GLÜCK,

wenn du es ganz besonders brauchst –
das ist mein Wunsch für dich.
Ob in einer Prüfung, einem Bewerbungsgespräch
oder einer anderen wichtigen Lebenssituation:
Meine beiden Daumen sind fest
für dich gedrückt!

Das große Lebensglück setzt sich
aus den vielen kleinen Mosaiksteinchen
des Alltagsglücks zusammen.
Mögest du unbeschwert leben und
dich jeden Tag ein bisschen
glücklich fühlen.

ICH WÜNSCH DIR
ALLES GLÜCK
DER WELT!

**Wir von GROH wollen die Welt ein bisschen verschönern – mit liebevollen Geschenken, die glücklich machen.**

GROH.DE

@die_geschenkverlage



Textnachweis: Wir danken allen Autoren bzw. deren Erben, die uns freundlicherweise die Erlaubnis zum Abdruck von Texten erteilt haben.

Bildnachweis: Cover, S. 4, 8, 12, 20, 24, 36: Plateresca/Shutterstock.com; S. 2, 26, 30: Tina Bits/Shutterstock.com; S. 6, 7, 10, 11, 18, 19, 22, 23, 28, 29, 32, 33, 42, 43, 46, 47: keiko takamatsu/iStock/Getty Images; S. 9, 16, 21, 38, 39, 45: Khaneeros/Shutterstock.com; S. 14, 31, 37: stock.adobe.com/izumikobayashi; S. 17: Inna Ogando/Shutterstock.com; S. 35: stock.adobe.com/Sabine Floner; S. 41: stock.adobe.com/rumkugelchen; S. 44: stock.adobe.com/colnihko.

Cover: Barbara Fuchs
Layout: Doris Wohofsky
Gesamtherstellung: AZ Druck und Datentechnik GmbH, Kempten

Aus Verantwortung für die Umwelt hat sich die Verlagsgruppe Droemer Knaur zu einer nachhaltigen Buchproduktion verpflichtet. Der bewusste Umgang mit unseren Ressourcen, der Schutz unseres Klimas und der Natur gehören zu unseren obersten Unternehmenszielen. Gemeinsam mit unseren Partnern und Lieferanten setzen wir uns für eine klimaneutrale Buchproduktion ein, die den Erwerb von Klimazertifikaten zur Kompensation des $CO_2$-Ausstoßes einschließt. Weitere Informationen finden Sie unter: www.klimaneutralerverlag.de

Ich wünsch dir alles Glück der Welt
GTIN 978-3-8485-0145-8

www.geschenkverlage.de

FSC www.fsc.org MIX Papier aus verantwortungsvollen Quellen FSC® C008457

1 2 3 4 5